국어 교과서 따라

예쁘고 바른 글씨 쓰기

초판 1쇄 인쇄 | 2017년 12월 01일
초판 1쇄 발행 | 2017년 12월 07일
편저자 | NH 기획
발행처 | 도서출판 새희망
발행인 | 이석형
등록번호 | 제2016-000004호
주소 | 경기도 의정부시 송현로 82번길 49
전화 | 02-923-6718   팩스 | 02-923-6719
ISBN | 979-11-88069-04-0 63710

■ 정가는 뒤표지에 있습니다.

국어 교과서 따라

예쁘고 바른

글씨 쓰기

NH 기획 편저

새희망

어린이 여러분!

우리는 왜 글을 쓸까요? 어떤 생각을 누군가에게 전달하려는데 상대방이 없는 경우 글로 남겨 생각을 전달할 수 있기 때문입니다. 또는 불현듯 깨달은 생각을 잊지 않고 오래 기억하기 위해서입니다. 그런데 그 글의 모양이 알아볼 수 없다면 어떻게 될까요?

상대방은 글을 보아도 그 뜻이 무엇인지 알 수 없을 것이고 시간이 지난 후에 자신이 쓴 글을 보아도 내가 무슨 생각으로 이 글을 썼는지 알 수 없게 됩니다. 결국 글을 쓴 목적을 달성하지 못하고 맙니다.

이처럼 글씨를 바르게 쓴다는 것은 단지 멋있어 보이기 위해서가 아니라 글을 쓰는 목적을 올바로 달성하기 위한 것이기도 합니다. 또한 글자를 바른 자세로 정성 들여 쓰는 버릇을 들이다 보면 여러분의 몸도 바르게 자라고 집중력도 좋아지는 효과도 얻을 수 있습니다.

어린이 여러분!

예쁘고 바른 글씨 쓰기를 따라 차근차근 매일 조금씩 연습해 보아요! 얼마 지나지 않아 예쁘고 바르게 글씨를 쓰고 있는 자기 자신에 놀라게 될 거에요.

인터넷과 스마트 폰의 사용으로 글씨를 직접 쓰는 일이 점점 적어지고 있습니다. 그래서 어떤 사람들은 글씨를 예쁘고 바르게 쓰는 것이 필요 없는 시대가 올 것이라고 말하기도 합니다. 그러나 자동차가 있다고 우리가 걷지 않고 살 수 없듯이 컴퓨터가 있다고 글씨를 쓰지 않고 살 수 없습니다. 오히려 자동차의 시대에 올바른 걸음걸이가 더욱 강조 되듯이 컴퓨터의 시대에 예쁘고 바른 글씨의 중요성이 커지고 있습니다.

예쁘고 바른 글씨를 써야 하는 이유

예쁘고 바른 글씨를 쓰기 위해서는 반드시 바른 자세로 써야 합니다. 바른 자세는 몸이 곧게 자라는 데 도움이 됩니다. 예쁘고 바른 글씨를 쓰기 위해서는 반드시 정성을 들여야 합니다. 정성을 들인 글씨 쓰기는 집중력 향상에 큰 도움이 됩니다.

'예쁘고 바른 글씨 쓰기'의 특징

'예쁘고 바른 글씨 쓰기'에서는 국어 교과서에 나오는 글을 따라 쓰면서 연습하도록 하였습니다. 국어 교과서의 순서대로 장을 구성하여 학생들이 친숙한 문장으로 글씨를 연습할 수 있도록 하였습니다.

목 차

00장

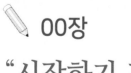

"시작하기 전에"

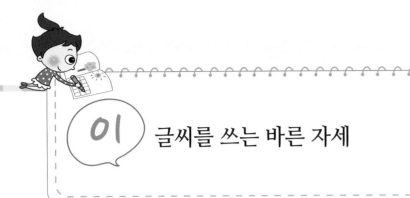

01 글씨를 쓰는 바른 자세

01 의자를 책상 쪽으로 당깁니다.

02 엉덩이를 의자 뒤쪽에 붙입니다.

03 허리를 곧게 폅니다.

04 고개는 약간 숙입니다.

05 공책을 똑바로 놓습니다.

06 글씨를 쓰지 않는 손으로 공책을 살짝 눌러 줍니다.

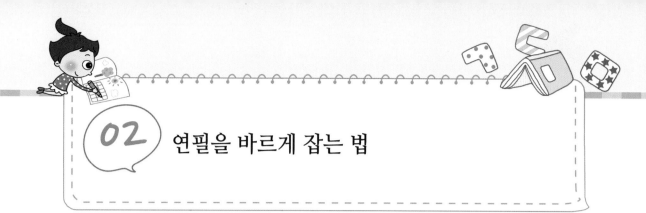

02 연필을 바르게 잡는 법

01 중지로 연필을 받쳐 주고 엄지와 검지를 모아서 연필을 쥡니다.

02 엄지와 검지는 동그라미 모양이 되도록 합니다.

03 동그라미가 되기 위해서는 엄지와 검지의 끝에만 힘을 살짝 주면 됩니다.

04 연필 심에서 3cm 정도 떨어진 위치를 잡습니다.

05 60도 각도를 유지합니다.

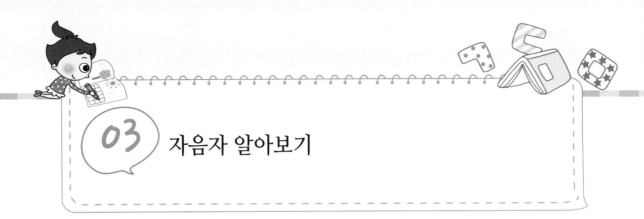

 바른 자세로 앉아 글씨를 써 볼까요?

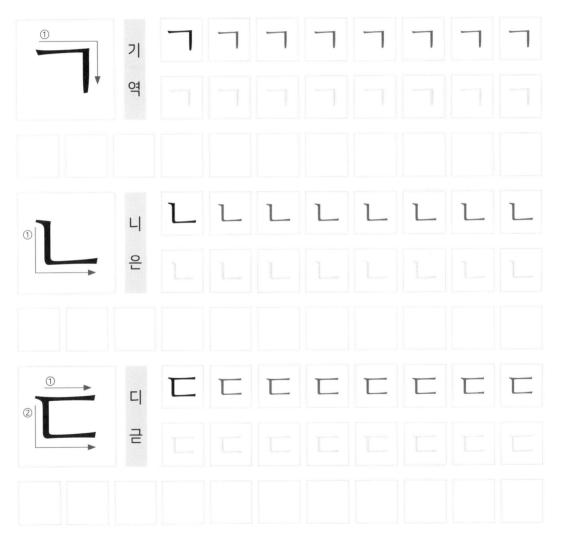

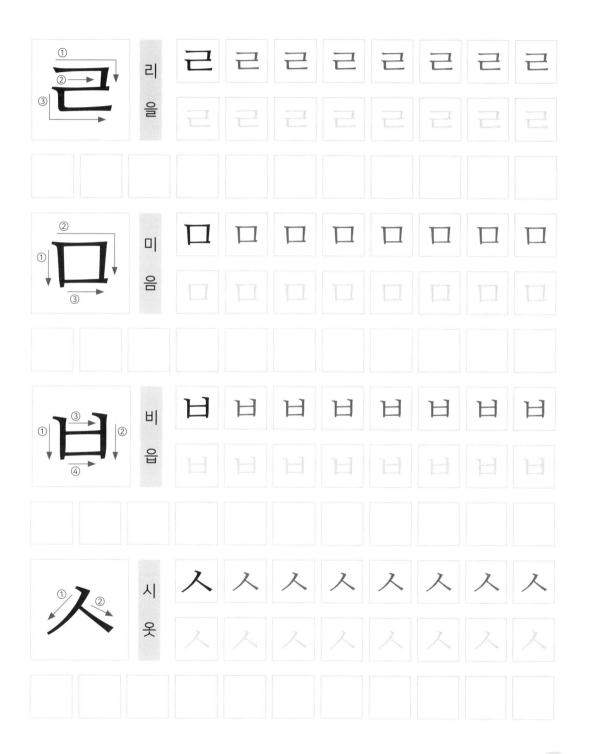

ㄹ 리을

ㄹ ㄹ ㄹ ㄹ ㄹ ㄹ ㄹ ㄹ

ㅁ 미음

ㅁ ㅁ ㅁ ㅁ ㅁ ㅁ ㅁ ㅁ

ㅂ 비읍

ㅂ ㅂ ㅂ ㅂ ㅂ ㅂ ㅂ ㅂ

ㅅ 시옷

ㅅ ㅅ ㅅ ㅅ ㅅ ㅅ ㅅ ㅅ

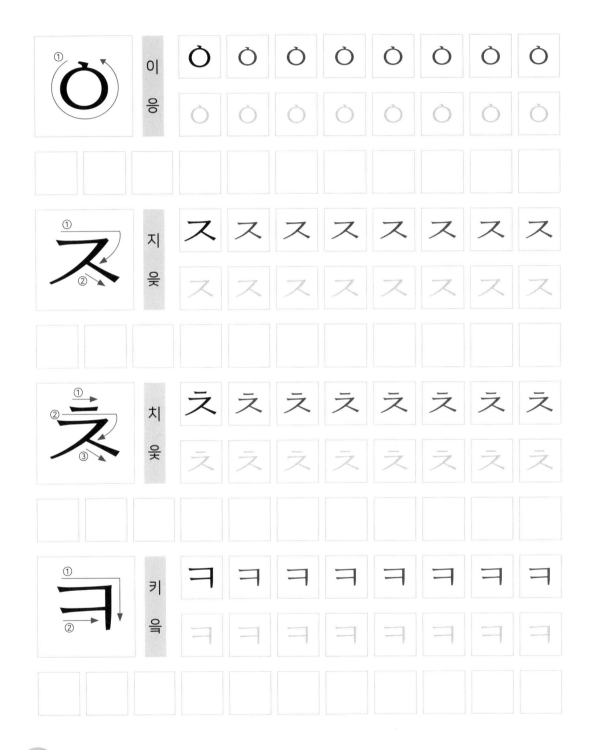

이응

ㅇ ㅇ ㅇ ㅇ ㅇ ㅇ ㅇ ㅇ
ㅇ ㅇ ㅇ ㅇ ㅇ ㅇ ㅇ ㅇ

지읒

ㅈ ㅈ ㅈ ㅈ ㅈ ㅈ ㅈ ㅈ
ㅈ ㅈ ㅈ ㅈ ㅈ ㅈ ㅈ ㅈ

치읓

ㅊ ㅊ ㅊ ㅊ ㅊ ㅊ ㅊ ㅊ
ㅊ ㅊ ㅊ ㅊ ㅊ ㅊ ㅊ ㅊ

키읔

ㅋ ㅋ ㅋ ㅋ ㅋ ㅋ ㅋ ㅋ
ㅋ ㅋ ㅋ ㅋ ㅋ ㅋ ㅋ ㅋ

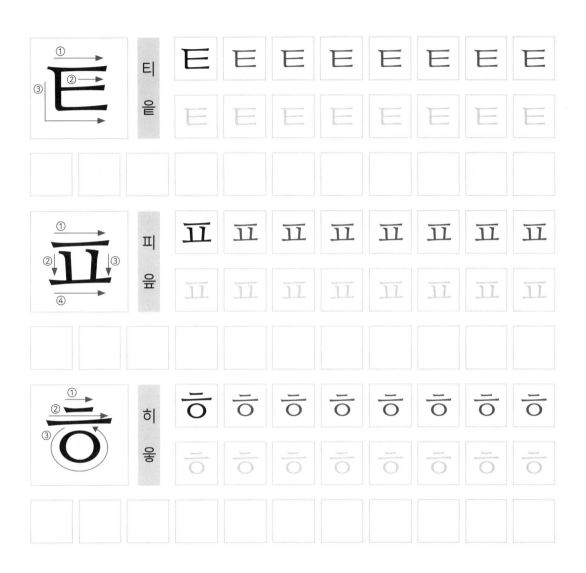

E E E E E E E E
E E E E E E E E

티읕

ㅍ ㅍ ㅍ ㅍ ㅍ ㅍ ㅍ ㅍ
ㅍ ㅍ ㅍ ㅍ ㅍ ㅍ ㅍ ㅍ

피읖

ㅎ ㅎ ㅎ ㅎ ㅎ ㅎ ㅎ ㅎ

히읗

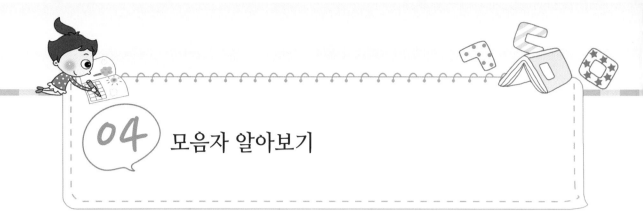

 바른 자세로 앉아 글씨를 써 볼까요?

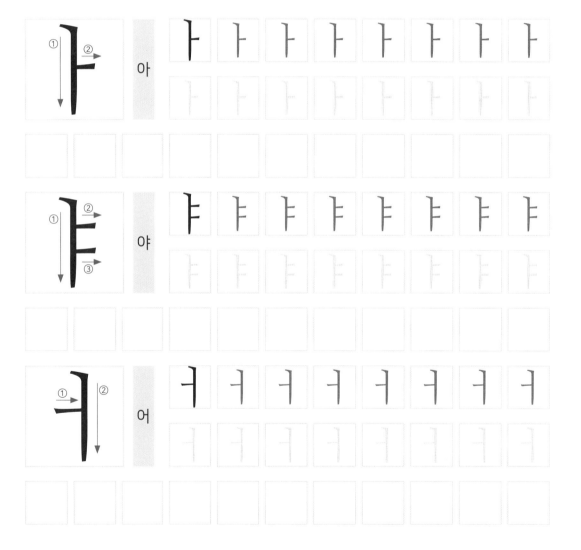

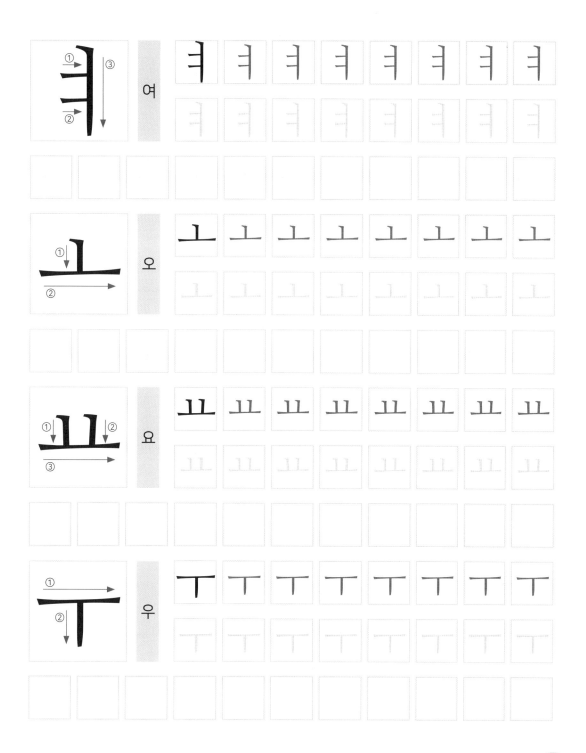

여

오

요

우

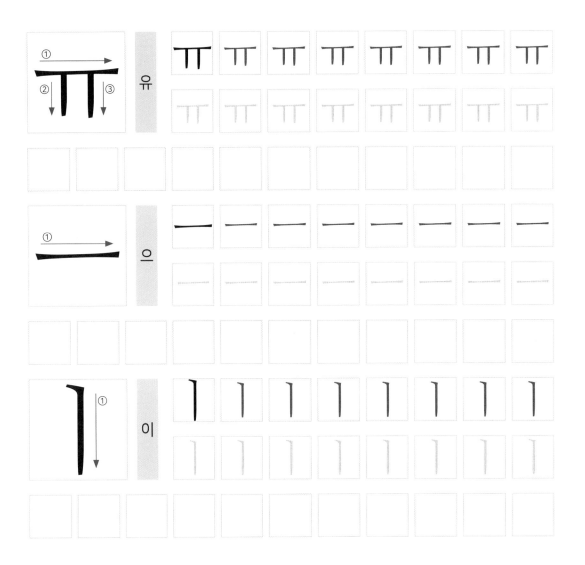

유

으

이

한글을 쓰는 순서

 자음을 먼저 쓴 후 모음을 쓰고 그 다음 받침을 씁니다.

학 = ㅎ ▸ 하 ▸ 학

 왼쪽을 먼저 쓴 후 오른쪽을 씁니다.

까 = ㄱ ▸ ㄲ ▸ 까

흙 = ㅎ ▸ 흐 ▸ 흘 ▸ 흙

애 = ㅇ ▸ 아 ▸ 애

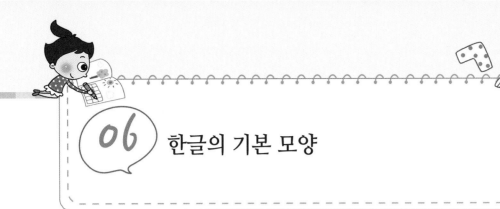

06 한글의 기본 모양

 한글의 기본 모양은 아래와 같이 ◁, △, ◇ 등이 있습니다.

1. ◁ 형태

2. △ 형태

3. ◇ 형태

이장

✏️ 01장

"장면을 떠올리며"

곳감　곳감　곳감　곳감
곳감　곳감　곳감　곳감

졸래졸래　졸래졸래
졸래졸래　졸래졸래

들판　들판　들판　들판
들판　들판　들판　들판

표현　표현　표현　표현
표현　표현　표현　표현

허수아비　허수아비
허수아비　허수아비

콧노래 　　콧노래　　콧노래
콧노래　　콧노래　　콧노래

넘실넘실　　넘실넘실
넘실넘실　　넘실넘실

값　　값　　값　　값　　값
값　　값　　값　　값　　값

건너편　　건너편　　건너편
건너편　　건너편　　건너편

무릎　　무릎　　무릎　　무릎
무릎　　무릎　　무릎　　무릎

성큼성큼 　성큼성큼
성큼성큼 　성큼성큼

기웃기웃 　기웃기웃
기웃기웃 　기웃기웃

무늬 　무늬 　무늬 　무늬
무늬 　무늬 　무늬 　무늬

흠뻑 　흠뻑 　흠뻑 　흠뻑
흠뻑 　흠뻑 　흠뻑 　흠뻑

세탁실 　세탁실 　세탁실
세탁실 　세탁실 　세탁실

잠깐　어리둥절했어요.
잠깐　어리둥절했어요.
잠깐　어리둥절했어요.

잊어버리지　않으려고　똑
잊어버리지　않으려고　똑
잊어버리지　않으려고　똑

같이　따라　했어요.
같이　따라　했어요.
같이　따라　했어요.

우렁이 한 마리를 보고 ∨

콕 찍어 잡아먹었어요.

서둘러 집으로 갔어요.

침을 꼴깍 삼키며 형을∨

쳐다보았어요. 맨 먼저

가방 가게에 들렀지요.

흰 바지가 맘에 든대요.

흰 바지가 맘에 든대요.

흰 바지가 맘에 든대요.

금방 더러워진단 말이야.

금방 더러워진단 말이야.

금방 더러워진단 말이야.

심통이 나서 졸랐어요.

심통이 나서 졸랐어요.

심통이 나서 졸랐어요.

쥐덫을　놓기로　했지요.

쥐덫을　놓기로　했지요.

쥐덫을　놓기로　했지요.

춤을　추면서　문턱을　넘

춤을　추면서　문턱을　넘

춤을　추면서　문턱을　넘

어가는　게　아니겠어요!

어가는　게　아니겠어요!

어가는　게　아니겠어요!

집이　폭삭　내려앉아　버

리지　뭐겠어요！　한　발

짝도　따라오면　안　돼！

✎ 02장

"인상 깊었던 일을 써요"

술래잡기　　술래잡기
술래잡기　　술래잡기

운동화　운동화　운동화
운동화　운동화　운동화

달력　달력　달력　달력
달력　달력　달력　달력

동그라미　동그라미
동그라미　동그라미

표시　표시　표시　표시
표시　표시　표시　표시

깜	짝		깜	짝		깜	짝		깜	짝	
깜	짝		깜	짝		깜	짝		깜	짝	
축	하		축	하		축	하		축	하	
축	하		축	하		축	하		축	하	
쪽	지		쪽	지		쪽	지		쪽	지	
쪽	지		쪽	지		쪽	지		쪽	지	
생	신		생	신		생	신		생	신	
생	신		생	신		생	신		생	신	
몸	짓		몸	짓		몸	짓		몸	짓	
몸	짓		몸	짓		몸	짓		몸	짓	

맞춤법　　맞춤법　　맞춤법
맞춤법　　맞춤법　　맞춤법

열람실　　열람실　　열람실
열람실　　열람실　　열람실

물음표　　물음표　　물음표
물음표　　물음표　　물음표

쉼표　　쉼표　　쉼표　　쉼표
쉼표　　쉼표　　쉼표　　쉼표

체험　　체험　　체험　　체험
체험　　체험　　체험　　체험

토요일　오전이라　그런지∨
토요일　오전이라　그런지∨
토요일　오전이라　그런지∨

신발　가게는　조용했다.
신발　가게는　조용했다.
신발　가게는　조용했다.

술래잡기를　하고　있었다.
술래잡기를　하고　있었다.
술래잡기를　하고　있었다.

너도 같이 하자. 새 운

너도 같이 하자. 새 운

너도 같이 하자. 새 운

동화를 신고 달리니 붕

동화를 신고 달리니 붕

동화를 신고 달리니 붕

붕 날아가는 것 같았다.

붕 날아가는 것 같았다.

붕 날아가는 것 같았다.

노란 새 운동화가 더욱∨

마음에 들었다. 방에 머

리 방울을 찾으러 갔다.

어머니　얼굴을　정성껏

그려　드리기로　했다. 나

를　꼭　껴안아　주셨다.

어머니와 함께 어린이

열람실에 들어갔습니다.

도서관이 신기했습니다.

그림책을　골라　읽었습니

다.　다섯　권이나　빌려

도서관을　나왔습니다.

03장

 03장

"말의 재미를 찾아서"

실컷　실컷　실컷　실컷
실컷　실컷　실컷　실컷

군것질　군것질　군것질
군것질　군것질　군것질

대답　대답　대답　대답
대답　대답　대답　대답

옛이야기　옛이야기
옛이야기　옛이야기

열쇠　열쇠　열쇠
열쇠　열쇠　열쇠　열쇠

쿨쿨　쿨쿨　쿨쿨　쿨쿨　쿨쿨

쿨쿨　쿨쿨　쿨쿨　쿨쿨

주르륵　주르륵　주르륵

주르륵　주르륵　주르륵

대롱대롱　대롱대롱

대롱대롱　대롱대롱

살금살금　살금살금

살금살금　살금살금

차곡차곡　차곡차곡

차곡차곡　차곡차곡

볏단　볏단　볏단　볏단
볏단　볏단　볏단　볏단

곳간　곳간　곳간　곳간
곳간　곳간　곳간　곳간

도끼　도끼　도끼　도끼
도끼　도끼　도끼　도끼

연못　연못　연못　연못
연못　연못　연못　연못

단짝　단짝　단짝　단짝
단짝　단짝　단짝　단짝

서로　도와주며　오순도순∨
서로　도와주며　오순도순∨
서로　도와주며　오순도순∨

정답게　지냈어요.　똑같이∨
정답게　지냈어요.　똑같이∨
정답게　지냈어요.　똑같이∨

나누어　가졌답니다.
나누어　가졌답니다.
나누어　가졌답니다.

곳간으로 살금살금 가서∨

곳간으로 살금살금 가서∨
곳간으로 살금살금 가서∨

볏단을 쌓아 두었어요.

볏단을 쌓아 두었어요.
볏단을 쌓아 두었어요.

형제는 깜짝 놀랐어요.

형제는 깜짝 놀랐어요.
형제는 깜짝 놀랐어요.

밤에만 초롱초롱 눈을
밤에만 초롱초롱 눈을
밤에만 초롱초롱 눈을

뜨는 것은? 손 없이
뜨는 것은? 손 없이
뜨는 것은? 손 없이

나무를 흔드는 것은?
나무를 흔드는 것은?
나무를 흔드는 것은?

난 잎이 뾰족한 소나무
난 잎이 뾰족한 소나무
난 잎이 뾰족한 소나무

가 좋아. 부엌에 가서
가 좋아. 부엌에 가서
가 좋아. 부엌에 가서

물 좀 가져올래?
물 좀 가져올래?
물 좀 가져올래?

✏️ 04장

"인물의 마음을 짐작해요"

제 발　　제 발　　제 발　　제 발
제 발　　제 발　　제 발　　제 발

목 줄　　목 줄　　목 줄　　목 줄
목 줄　　목 줄　　목 줄　　목 줄

산 책　　산 책　　산 책　　산 책
산 책　　산 책　　산 책　　산 책

곧 장　　곧 장　　곧 장　　곧 장
곧 장　　곧 장　　곧 장　　곧 장

채 널　　채 널　　채 널　　채 널
채 널　　채 널　　채 널　　채 널

한 숨 　　한 숨 　　한 숨 　　한 숨
한 숨 　　한 숨 　　한 숨 　　한 숨

말 씀 　　말 씀 　　말 씀 　　말 씀
말 씀 　　말 씀 　　말 씀 　　말 씀

열 흘 　　열 흘 　　열 흘 　　열 흘
열 흘 　　열 흘 　　열 흘 　　열 흘

휴 가 　　휴 가 　　휴 가 　　휴 가
휴 가 　　휴 가 　　휴 가 　　휴 가

악 몽 　　악 몽 　　악 몽 　　악 몽
악 몽 　　악 몽 　　악 몽 　　악 몽

벌	써		벌	써		벌	써		벌	써	
벌	써		벌	써		벌	써		벌	써	

미	처		미	처		미	처		미	처	
미	처		미	처		미	처		미	처	

행	복		행	복		행	복		행	복	
행	복		행	복		행	복		행	복	

커	튼		커	튼		커	튼		커	튼	
커	튼		커	튼		커	튼		커	튼	

어	깨		어	깨		어	깨		어	깨	
어	깨		어	깨		어	깨		어	깨	

강아지랑 놀고 싶었어요.
강아지랑 놀고 싶었어요.
강아지랑 놀고 싶었어요.

강아지는 집에 와서 우
강아지는 집에 와서 우
강아지는 집에 와서 우

우 울부짖기 시작했어요.
우 울부짖기 시작했어요.
우 울부짖기 시작했어요.

재빨리 말을 돌렸어요.

재빨리 말을 돌렸어요.

재빨리 말을 돌렸어요.

목에 매어 주고는 곧장∨

목에 매어 주고는 곧장∨

목에 매어 주고는 곧장∨

공원으로 갔어요.

공원으로 갔어요.

공원으로 갔어요.

곳곳을 　살펴보았어요.

곳곳을 　살펴보았어요.

곳곳을 　살펴보았어요.

공원 　밖도 　찾아보았지요.

공원 　밖도 　찾아보았지요.

공원 　밖도 　찾아보았지요.

꼭 　끌어안았어요.

꼭 　끌어안았어요.

꼭 　끌어안았어요.

자기만의　강아지를　찾아

냈답니다!　눈뜨자마자

나를　켜　놓으니…….

경기가　아직　안　끝났단ˇ
경기가　아직　안　끝났단ˇ
경기가　아직　안　끝났ˇ

말이야!　자기　집　현관ˇ
말이야!　자기　집　현관ˇ
말이야!　자기　집　현관ˇ

앞에　앉아　있었어요.
앞에　앉아　있었어요.
앞에　앉아　있었어요.

편지를　한　번도　못　받

앗단　말이야?　편지　기

다리는　때가　가장　슬퍼.

 05장

"간직하고 싶은 노래"

솔방울　솔방울　솔방울
솔방울　솔방울　솔방울

조약돌　조약돌　조약돌
조약돌　조약돌　조약돌

알갱이　알갱이　알갱이
알갱이　알갱이　알갱이

냄비　냄비　냄비　냄비
냄비　냄비　냄비　냄비

뚜껑　뚜껑　뚜껑　뚜껑
뚜껑　뚜껑　뚜껑　뚜껑

일터　　일터　　일터　　일터
일터　　일터　　일터　　일터

콩닥콩닥　　콩닥콩닥
콩닥콩닥　　콩닥콩닥

폭신폭신　　폭신폭신
폭신폭신　　폭신폭신

국자　　국자　　국자　　국자
국자　　국자　　국자　　국자

벌판　　벌판　　벌판　　벌판
벌판　　벌판　　벌판　　벌판

닭	다		닭	다		닭	다		닭	다	
닭	다		닭	다		닭	다		닭	다	

읽	다		읽	다		읽	다		읽	다	
읽	다		읽	다		읽	다		읽	다	

볶	다		볶	다		볶	다		볶	다	
볶	다		볶	다		볶	다		볶	다	

맑	다		맑	다		맑	다		맑	다	
맑	다		맑	다		맑	다		맑	다	

얇	다		얇	다		얇	다		얇	다	
얇	다		얇	다		얇	다		얇	다	

나는　나는　이　한마디가✓
나는　나는　이　한마디가✓
나는　나는　이　한마디가✓

정말　좋아요.　꼬리가　동
정말　좋아요.　꼬리가　동
정말　좋아요.　꼬리가　동

그랗게　말려　있었어.
그랗게　말려　있었어.
그랗게　말려　있었어.

아빠도　열　살　같대요.

나만　보면　자꾸만　열

살짜리가　되려고　해요.

장을　보러　가신　사이에∨

걸레로　방을　닦고,　읽은∨

책을　정리했습니다.

칭찬하시며 떡볶이를 만

들어 주셨습니다. 방이

넓어진 것 같구나!

흰 구름이 뭉게뭉게 피

흰 구름이 뭉게뭉게 피

흰 구름이 뭉게뭉게 피

어납니다. 나도 아는 문

어납니다. 나도 아는 문

어납니다. 나도 아는 문

제인데 참 아깝다.

제인데 참 아깝다.

제인데 참 아깝다.

얇은 종이를 붙입니다.

얇은 종이를 붙입니다.

얇은 종이를 붙입니다.

친구가 들어왔습니다.

친구가 들어왔습니다.

친구가 들어왔습니다.

붉은 꽃이 피었습니다.

붉은 꽃이 피었습니다.

붉은 꽃이 피었습니다.

06장

"자세하게 소개해요"

욕심　욕심　욕심　욕심
욕심　욕심　욕심　욕심

꼭두각시　꼭두각시
꼭두각시　꼭두각시

말놀이　말놀이　말놀이
말놀이　말놀이　말놀이

낱말　낱말　낱말　낱말
낱말　낱말　낱말　낱말

줄넘기　줄넘기　줄넘기
줄넘기　줄넘기　줄넘기

눈썹　　눈썹　　눈썹　　눈썹
눈썹　　눈썹　　눈썹　　눈썹

마음씨　　마음씨　　마음씨
마음씨　　마음씨　　마음씨

허름한　　허름한　　허름한
허름한　　허름한　　허름한

제비　　제비　　제비　　제비
제비　　제비　　제비　　제비

덩치　　덩치　　덩치　　덩치
덩치　　덩치　　덩치　　덩치

이만큼　　이만큼　　이만큼

이만큼　　이만큼　　이만큼

쫑긋쫑긋　　쫑긋쫑긋

쫑긋쫑긋　　쫑긋쫑긋

부리부리　　부리부리

부리부리　　부리부리

곱슬머리　　곱슬머리

곱슬머리　　곱슬머리

쌍꺼풀　　쌍꺼풀　　쌍꺼풀

쌍꺼풀　　쌍꺼풀　　쌍꺼풀

어제 저와 함께 줄넘기

어제 저와 함께 줄넘기

어제 저와 함께 줄넘기

를 하고 놀았습니다. 몸

를 하고 놀았습니다. 몸

를 하고 놀았습니다. 몸

이 튼튼해져서 좋습니다.

이 튼튼해져서 좋습니다.

이 튼튼해져서 좋습니다.

키가　크고　눈썹이　진합
키가　크고　눈썹이　진합
키가　크고　눈썹이　진합

니다.　여학생들　가운데에
니다.　여학생들　가운데에
니다.　여학생들　가운데에

서　가장　빠릅니다.
서　가장　빠릅니다.
서　가장　빠릅니다.

학생들에게 공부를 가르

학생들에게 공부를 가르

칩니다. 낡고 허름한 옷

을 입고 있습니다.

제비의 다리를 치료해

주었습니다. 여름에 바다

로 여행을 떠나요.

의자에 바르게 앉아 말
의자에 바르게 앉아 말
의자에 바르게 앉아 말

해요. 요리하실 때 옆에
해요. 요리하실 때 옆에
해요. 요리하실 때 옆에

서 많이 도와드립니다.
서 많이 도와드립니다.
서 많이 도와드립니다.

근데 엄마는 어떻게 생

겼을까? 아니에요! 우

리 엄마, 날개가 있어요.

07장

✏️ 07장

"일이 일어난 차례를 살펴요"

생쥐　생쥐　생쥐　생쥐

생쥐　생쥐　생쥐　생쥐

애벌레　애벌레　애벌레

애벌레　애벌레　애벌레

망토　망토　망토　망토

망토　망토　망토　망토

정원　정원　정원　정원

정원　정원　정원　정원

쇠붙이　쇠붙이　쇠붙이

쇠붙이　쇠붙이　쇠붙이

밥	풀		밥	풀		밥	풀		밥	풀	
밥	풀		밥	풀		밥	풀		밥	풀	

헛	간		헛	간		헛	간		헛	간	
헛	간		헛	간		헛	간		헛	간	

괭	이		괭	이		괭	이		괭	이	
괭	이		괭	이		괭	이		괭	이	

쇠	스	랑	쇠	스	랑	쇠	스	랑
쇠	스	랑	쇠	스	랑	쇠	스	랑

삽	살	개	삽	살	개	삽	살	개
삽	살	개	삽	살	개	삽	살	개

무 쇠 솥　무 쇠 솥　무 쇠 솥
무 쇠 솥　무 쇠 솥　무 쇠 솥

냉 큼　냉 큼　냉 큼　냉 큼
냉 큼　냉 큼　냉 큼　냉 큼

전 쟁 터　전 쟁 터　전 쟁 터
전 쟁 터　전 쟁 터　전 쟁 터

재 채 기　재 채 기　재 채 기
재 채 기　재 채 기　재 채 기

봉 지　봉 지　봉 지　봉 지
봉 지　봉 지　봉 지　봉 지

땅 속 으 로　뚫 린　굴 은　아

늑 한　방 으 로　연 결 되 었 지

요 .　기 지 개 를　켰 어 요 .

무 지 갯 빛　 안 개 가　 몽 실 몽

실　 피 어 나 고　 있 었 지 요 .

얼 떨 떨 해 서　 물 었 어 요 .

그　옆에　석쇠도　있었어.

그　옆에　석쇠도　있었어.

그　옆에　석쇠도　있었어.

홀쭉해진　배가　등에　철

홀쭉해진　배가　등에　철

홀쭉해진　배가　등에　철

썩　붙는　것　같았지.

썩　붙는　것　같았지.

썩　붙는　것　같았지.

포차도　뚝뚝　분질러　우

포차도　뚝뚝　분질러　우

포차도　뚝뚝　분질러　우

둑우둑　씹어　먹었어.　무

둑우둑　씹어　먹었어.　무

둑우둑　씹어　먹었어.　무

기를　전부　먹어　치웠어.

기를　전부　먹어　치웠어.

기를　전부　먹어　치웠어.

용이 지나간 흔적을 따

용이 지나간 흔적을 따

용이 지나간 흔적을 따

라 계속 걸어갔습니다.

라 계속 걸어갔습니다.

라 계속 걸어갔습니다.

문을 쾅쾅 두드렸습니다.

문을 쾅쾅 두드렸습니다.

문을 쾅쾅 두드렸습니다.

게으름뱅이는 소리를 지
게으름뱅이는 소리를 지
게으름뱅이는 소리를 지

르며 버둥거렸어요. 지난
르며 버둥거렸어요. 지난
르며 버둥거렸어요. 지난

날이 후회스러웠어요.
날이 후회스러웠어요.
날이 후회스러웠어요.

08장

"바르게 말해요"

야영　　야영　　야영　　야영
야영　　야영　　야영　　야영

천막　　천막　　천막　　천막
천막　　천막　　천막　　천막

접시　　접시　　접시　　접시
접시　　접시　　접시　　접시

주먹밥　　주먹밥　　주먹밥
주먹밥　　주먹밥　　주먹밥

하루　　하루　　하루　　하루
하루　　하루　　하루　　하루

유행　유행　유행　유행　유행
유행　유행　유행　유행

이해　이해　이해　이해
이해　이해　이해　이해

함부로　함부로　함부로
함부로　함부로　함부로

몸집　몸집　몸집　몸집
몸집　몸집　몸집　몸집

불똥　불똥　불똥　불똥
불똥　불똥　불똥　불똥

불호령　　불호령　　불호령
불호령　　불호령　　불호령

보퉁이　　보퉁이　　보퉁이
보퉁이　　보퉁이　　보퉁이

마중　　마중　　마중　　마중
마중　　마중　　마중　　마중

허둥지둥　　허둥지둥
허둥지둥　　허둥지둥

비지땀　　비지땀　　비지땀
비지땀　　비지땀　　비지땀

농구와 축구는 규칙이

농구와 축구는 규칙이

농구와 축구는 규칙이

다릅니다. 수학 시간에

다릅니다. 수학 시간에

다릅니다. 수학 시간에

한 문제를 틀렸습니다.

한 문제를 틀렸습니다.

한 문제를 틀렸습니다.

천막을 치고 공놀이를
천막을 치고 공놀이를
천막을 치고 공놀이를

했다. 저녁을 먹고 나서∨
했다. 저녁을 먹고 나서∨
했다. 저녁을 먹고 나서∨

노래를 부르며 놀았다.
노래를 부르며 놀았다.
노래를 부르며 놀았다.

선생님께서　공부를　가르

치셨다.　선생님께서　축구V

골대를　가리키셨다.

열쇠를 잃어버렸다. 유치

원 때 친구의 이름을

잊어버렸다. 키가 작다.

불똥이 안 튀게 하려고∨
불똥이 안 튀게 하려고∨
불똥이 안 튀게 하려고∨

말했어요. 단박에 엄마의∨
말했어요. 단박에 엄마의∨
말했어요. 단박에 엄마의∨

콧대를 꺾어 놓았어요.
콧대를 꺾어 놓았어요.
콧대를 꺾어 놓았어요.

곯은 게 뭐지 알지?

곯은 게 뭐지 알지?

곯은 게 뭐지 알지?

뿌듯한 얼굴로 말했어요.

뿌듯한 얼굴로 말했어요.

뿌듯한 얼굴로 말했어요.

슬픈 듯이 중얼거렸어요.

슬픈 듯이 중얼거렸어요.

슬픈 듯이 중얼거렸어요.

 09장

"주요 내용을 찾아요"

학 용 품　학 용 품　학 용 품

학 용 품　학 용 품　학 용 품

낭 비　낭 비　낭 비　낭 비

낭 비　낭 비　낭 비　낭 비

치 료　치 료　치 료　치 료

치 료　치 료　치 료　치 료

찔 끔 찔 끔　찔 끔 찔 끔

찔 끔 찔 끔　찔 끔 찔 끔

찌 꺼 기　찌 꺼 기　찌 꺼 기

찌 꺼 기　찌 꺼 기　찌 꺼 기

세균　　세균　　세균　　세균

세균　　세균　　세균　　세균

후회　　후회　　후회　　후회

후회　　후회　　후회　　후회

습관　　습관　　습관　　습관

습관　　습관　　습관　　습관

잔뿌리　　잔뿌리　　잔뿌리

잔뿌리　　잔뿌리　　잔뿌리

낙엽　　낙엽　　낙엽　　낙엽

낙엽　　낙엽　　낙엽　　낙엽

숲　숲　숲　숲　숲　숲

숲　숲　숲　숲　숲　숲

쓰임새　쓰임새　쓰임새

쓰임새　쓰임새　쓰임새

어울림　어울림　어울림

어울림　어울림　어울림

지하철　지하철　지하철

지하철　지하철　지하철

체육　체육　체육　체육

체육　체육　체육　체육

치료를 받아야 한다고

치료를 받아야 한다고

치료를 받아야 한다고

말씀하셨습니다. 잘 닦지∨

말씀하셨습니다. 잘 닦지∨

말씀하셨습니다. 잘 닦지∨

않아 이가 썩었구나.

않아 이가 썩었구나.

않아 이가 썩었구나.

나도 모르게 눈물이 찔

나도 모르게 눈물이 찔
나도 모르게 눈물이 찔

곰찔곰 나왔습니다. 아끼

곰찔곰 나왔습니다. 아끼
곰찔곰 나왔습니다. 아끼

고 잘 가꾸어야 합니다.

고 잘 가꾸어야 합니다.
고 잘 가꾸어야 합니다.

흙 속에 뿌리를 단단히∨

흙 속에 뿌리를 단단히∨

흙 속에 뿌리를 단단히∨

고정하고 있기 때문입니

고정하고 있기 때문입니

고정하고 있기 때문입니

다. 함께 노력해요!

다. 함께 노력해요!

다. 함께 노력해요!

쥐 가족이 북적거리며

쥐 가족이 북적거리며

살고 있었습니다. 밖으로 ∨

살고 있었습니다. 밖으로 ∨

나갈 수가 없었습니다.

나갈 수가 없었습니다.

어떻게　하면　좋을까요?
어떻게　하면　좋을까요?
어떻게　하면　좋을까요?

차라리　한　명씩　돌아가
차라리　한　명씩　돌아가
차라리　한　명씩　돌아가

며　망을　보면　어때요?
며　망을　보면　어때요?
며　망을　보면　어때요?

떼려야 뗄 수 없는 관

떼려야 뗄 수 없는 관

떼려야 뗄 수 없는 관

계입니다. 예쁘다고 함부

계입니다. 예쁘다고 함부

계입니다. 예쁘다고 함부

로 꺾으면 안 됩니다.

로 꺾으면 안 됩니다.

로 꺾으면 안 됩니다.

 10장

"칭찬하는 말을 주고받아요"

막내　　　막내　　　막내　　　막내
막내　　　막내　　　막내　　　막내

거뜬히　　　거뜬히　　　거뜬히
거뜬히　　　거뜬히　　　거뜬히

따뜻한　　　따뜻한　　　따뜻한
따뜻한　　　따뜻한　　　따뜻한

선뜻　　　선뜻　　　선뜻　　　선뜻
선뜻　　　선뜻　　　선뜻　　　선뜻

날개　　　날개　　　날개　　　날개
날개　　　날개　　　날개　　　날개

제일　제일　제일　제일

제일　제일　제일　제일

응원　응원　응원　응원

응원　응원　응원　응원

출발　출발　출발　출발

출발　출발　출발　출발

남쪽　남쪽　남쪽　남쪽

남쪽　남쪽　남쪽　남쪽

연습　연습　연습　연습

연습　연습　연습　연습

목소리　목소리　목소리

목소리　목소리　목소리

학예회　학예회　학예회

학예회　학예회　학예회

겸손　겸손　겸손　겸손

겸손　겸손　겸손　겸손

환경미화원　환경미화원

환경미화원　환경미화원

동네　동네　동네　동네

동네　동네　동네　동네

선뜻 날아오르지 못하고 ∨
선뜻 날아오르지 못하고 ∨
선뜻 날아오르지 못하고 ∨

있었어요. 막내의 날개를 ∨
있었어요. 막내의 날개를 ∨
있었어요. 막내의 날개를 ∨

쓰다듬으며 속삭였어요.
쓰다듬으며 속삭였어요.
쓰다듬으며 속삭였어요.

앞서가던 형이 막내를

앞서가던 형이 막내를

앞서가던 형이 막내를

쳐다보며 소리쳤어요. 막

쳐다보며 소리쳤어요. 막

쳐다보며 소리쳤어요. 막

내는 더욱 힘을 냈어요.

내는 더욱 힘을 냈어요.

내는 더욱 힘을 냈어요.

하늘 높이 줄을 맞추어∨

하늘 높이 줄을 맞추어∨

하늘 높이 줄을 맞추어∨

날아올랐어요. 무시무시한∨

날아올랐어요. 무시무시한∨

날아올랐어요. 무시무시한∨

회오리바람이 불어왔어요.

회오리바람이 불어왔어요.

회오리바람이 불어왔어요.

무서웠지만,　회오리바람을∨
무서웠지만,　회오리바람을∨
무서웠지만,　회오리바람을∨

뚫고　끝까지　날아올랐어
뚫고　끝까지　날아올랐어
뚫고　끝까지　날아올랐어

요.　정말　고맙습니다.
요.　정말　고맙습니다.
요.　정말　고맙습니다.

그 뒤를 기러기 떼가

그 뒤를 기러기 떼가

그 뒤를 기러기 떼가

따라 오르기 시작했어요.

따라 오르기 시작했어요.

따라 오르기 시작했어요.

목소리가 우렁차구나.

목소리가 우렁차구나.

목소리가 우렁차구나.

우리가 버린 쓰레기를

우리가 버린 쓰레기를

우리가 버린 쓰레기를

잘 치워 주셨습니다.

잘 치워 주셨습니다.

잘 치워 주셨습니다.

고마운 마음을 전합니다.

고마운 마음을 전합니다.

고마운 마음을 전합니다.

 11장

"실감 나게 표현해요"

왠 지 　 왠 지 　 왠 지 　 왠 지 　
왠 지 　 왠 지 　 왠 지 　 왠 지 　

구 경 　 구 경 　 구 경 　 구 경 　
구 경 　 구 경 　 구 경 　 구 경 　

몰 래 　 몰 래 　 몰 래 　 몰 래 　
몰 래 　 몰 래 　 몰 래 　 몰 래 　

말 썽 　 말 썽 　 말 썽 　 말 썽 　
말 썽 　 말 썽 　 말 썽 　 말 썽 　

연 기 　 연 기 　 연 기 　 연 기 　
연 기 　 연 기 　 연 기 　 연 기

팥죽 　 팥죽 　 팥죽 　 팥죽 　
팥죽 　 팥죽 　 팥죽 　 팥죽 　

아궁이 　 아궁이 　 아궁이
아궁이 　 아궁이 　 아궁이

송곳 　 송곳 　 송곳 　 송곳
송곳 　 송곳 　 송곳 　 송곳

흙덩이 　 흙덩이 　 흙덩이
흙덩이 　 흙덩이 　 흙덩이

데굴데굴 　 데굴데굴
데굴데굴 　 데굴데굴

후 루 룩 　후 루 룩 　후 루 룩

후 루 룩 　후 루 룩 　후 루 룩

지 게 　지 게 　지 게 　지 게

지 게 　지 게 　지 게 　지 게

박 치 기 　박 치 기 　박 치 기

박 치 기 　박 치 기 　박 치 기

엉 덩 이 　엉 덩 이 　엉 덩 이

엉 덩 이 　엉 덩 이 　엉 덩 이

소 품 　소 품 　소 품 　소 품

소 품 　소 품 　소 품 　소 품

앞으로는 내가 시키는

앞으로는 내가 시키는
앞으로는 내가 시키는

대로 공연을 해야 해!

대로 공연을 해야 해!
대로 공연을 해야 해!

저를 놓아 주세요. 흑흑.

저를 놓아 주세요. 흑흑.
저를 놓아 주세요. 흑흑.

거짓말을　하면　안　된다
거짓말을　하면　안　된다
거짓말을　하면　안　된다

는　것을　기억하렴.　지켜ˇ
는　것을　기억하렴.　지켜ˇ
는　것을　기억하렴.　지켜ˇ

드릴　테니　걱정　마세요.
드릴　테니　걱정　마세요.
드릴　테니　걱정　마세요.

가마솥에　팥죽을　팔팔
가마솥에　팥죽을　팔팔
가마솥에　팥죽을　팔팔

끓이면서　꺼이꺼이　울었
끓이면서　꺼이꺼이　울었
끓이면서　꺼이꺼이　울었

어. 에구에구　어찌할꼬.
어. 에구에구　어찌할꼬.
어. 에구에구　어찌할꼬.

팥죽 한 그릇 주면 못ˇ

팥죽 한 그릇 주면 못ˇ

팥죽 한 그릇 주면 못ˇ

잡아먹게 해 주지. 감나

잡아먹게 해 주지. 감나

잡아먹게 해 주지. 감나

무 옆에 척 숨었어.

무 옆에 척 숨었어.

무 옆에 척 숨었어.

멍석이 잽싸게 호랑이를 V

멍석이 잽싸게 호랑이를 V

멍석이 잽싸게 호랑이를 V

둘둘 마는 거야. 누가

둘둘 마는 거야. 누가

둘둘 마는 거야. 누가

노래를 부르고 있지?

노래를 부르고 있지?

노래를 부르고 있지?

놀기만 하면 겨울에는
놀기만 하면 겨울에는
놀기만 하면 겨울에는

굶을지도 몰라. 겨울 내
굶을지도 몰라. 겨울 내
굶을지도 몰라. 겨울 내

내 함께 살면 어떨까?
내 함께 살면 어떨까?
내 함께 살면 어떨까?